LUIZ REZENDE

Concurso Nacional Unificado

Tudo o que você precisa saber para se preparar para o "Enem" dos concursos

O Concurso Nacional Unificado (CNU), o famoso "Enem dos Concursos", é se não a maior, uma das maiores novidades do mercado de concursos públicos desde a promulgação da Constituição Federal, em 1988. Neste **Resumão** você irá entender a proposta do governo federal, os motivos que levaram a esta decisão e as regras do CNU, fundamentais para você se preparar da forma correta para esta grande novidade, que é uma excelente oportunidade para você se tornar servidor público federal, lembrando que o CNU será periódico (como o próprio Enem, os vestibulares ou os exames da OAB), permitindo que o candidato que eventualmente não for aprovado na primeira edição de 2023-2024 possa se preparar para os próximos unificados.

O governo federal espera grande adesão ao Concurso Nacional Unificado, tendo em sua regulamentação a previsão de que pode chegar a 3 milhões de candidatos, na sua primeira edição, outro número que assemelha o CNU do Enem.

PRINCIPAIS PONTOS DO CNU

- Prova em um único dia para dezenas de órgãos federais;
- aplicação da prova em 179 cidades de todo o Brasil;
- uma única taxa de inscrição concorrendo a vários órgãos;
- menos "decoreba" e mais conhecimento objetivo;
- edições periódicas do CNU.

O QUE É O CNU

É um processo unificado em um único concurso público reunindo dezenas de editais de organizações públicas federais, tanto da administração direta quanto da indireta. Por permitir que o candidato faça uma única inscrição e concorra a vagas para vários órgãos que estão no seu bloco temático (como explicaremos a seguir), se assemelha ao Enem, que por meio do sistema Sisu, permite que o candidato preste uma prova concorrendo para vagas de diversas universidades.

CRONOGRAMA DO CNU

- Até 22/11/2023 – contratação da banca;
- 20/12/2023 – divulgação do edital;
- fevereiro ou março/2024 – aplicação das provas;
- até maio/2024 – resultado final da etapa unificada;
- até julho/2024 – curso de formação, quando houver;
- até agosto/2024 – posse dos aprovados.

INSCRIÇÕES PARA O CONCURSO

Sendo publicado o edital no final de dezembro de 2023, os candidatos deverão escolher um dos blocos temáticos a que irá concorrer (oito no total, sete de nível superior e um de nível médio, detalhados a seguir). No momento da inscrição, o candidato deve escolher se concorrerá só para um cargo específico (por exemplo, concorrer apenas para o cargo de Auditor-Fiscal do Trabalho) ou se concorrerá para todos os cargos que estão no mesmo bloco temático.

COMO SERÁ O CONCURSO

Todos os candidatos que se inscreverem para o CNU farão as provas no mesmo dia, não importando o órgão ou bloco temático que o candidato escolheu. Este único dia de provas será dividido em dois momentos.

PROVAS OBJETIVAS

Esta fase será comum para todos os candidatos, com matriz curricular comum a todos. Nesta fase serão abordadas as matérias tradicionais e comuns para concursos.

Aqui existe a possibilidade de abordagem de matérias básicas e matérias da chamada área humanística, conforme a previsão que segue abaixo.

Matérias básicas

- Língua Portuguesa;
- Informática;
- Raciocínio Lógico-Matemático;
- Direito Constitucional;
- Direito Administrativo;
- Atualidades /Geopolítica;
- Inglês;
- Administração Geral;
- Administração Pública.

Matérias "humanísticas"

- Direitos Humanos;
- Ética no Serviço Público.

Além destas matérias, existe a possibilidade de abordagem de outras matérias de Gestão Pública, como Arquivologia, Gestão de Materiais e Gestão de Pessoas.

PROVAS ESPECÍFICAS

Nesta fase – que será no mesmo dia da anterior – os candidatos terão questões dissertativas por áreas de atuação específicas do governo, e aqui o candidato terá provas com temas dentro de cada bloco temático apresentado abaixo:

Blocos temáticos		
1	Administração e Finanças Públicas	Nível superior
2	Setores Econômico, Infraestrutura e Regulação	Nível superior
3	Agricultura, Meio Ambiente e Desenvolvimento Agrário	Nível superior
4	Educação, Ciência e Tecnologia e Inovação	Nível superior
5	Políticas Sociais, Justiça e Saúde	Nível superior
6	Trabalho e Previdência	Nível superior
7	Dados, Tecnologia e Informação Pública	Nível superior
8	Nível médio	Nível médio

SUBDIVISÃO DOS BLOCOS TEMÁTICOS

Existe uma divisão interna dos blocos temáticos, que pode ser base para que o candidato se inscreva para o cargo específico, para o bloco temático ou para esta subdivisão que foi apresentada.

Bloco temático	Divisão interna
Administração e Finanças Públicas	Administração Pública Economia e Finanças Setores Econômicos
Setores Econômico, Infraestrutura e Regulação	Setores Econômicos Regulação Infraestrutura
Agricultura, Meio Ambiente e Desenvolvimento Agrário	Desenvolvimento Agrário Meio Ambiente
Educação, Ciência e Tecnologia e Inovação	Ciência, Tecnologia e Inovação Educação
Políticas Sociais, Justiça e Saúde	Políticas Sociais Saúde Justiça
Trabalho e Previdência	Trabalho e Previdência
Dados, Tecnologia e Informação	Informação Pública Tecnologia da Informação
Nível Intermediário	Informação Pública Agricultura Políticas Sociais

ÓRGÃOS CONFIRMADOS PARA O CNU

- Instituto Brasileiro de Geografia e Estatística (IBGE): **895 vagas**;
- Fundação Nacional dos Povos Indígenas (Funai): **502 vagas**;
- Instituto Nacional de Colonização e Reforma Agrária (Incra): **742 vagas**;
- Ministério da Agricultura e Pecuária (Mapa): **440 vagas**;
- Instituto Nacional de Meteorologia (Inmet): **80 vagas**;
- Ministério do Trabalho e Emprego (MTE): **900 vagas**;
- Ministério da Saúde: **220 vagas**;
- Advocacia Geral da União (AGU): **400 vagas**;
- Superintendência Nacional de Previdência Complementar (Previc): **40 vagas**;
- Agência Nacional de Energia Elétrica (Aneel): **40 vagas**;
- Agência Nacional de Transportes Aquaviários (Antaq): **30 vagas**;
- Agência Nacional de Saúde Suplementar (ANS): **35 vagas**;
- Ministério do Desenvolvimento, Indústria, Comércio e Serviços (MDIC): **110 vagas**;
- Ministério da Ciência, Tecnologia e Inovação (MCTI em partes): **296 vagas**;
- Ministério da Justiça e Segurança Pública (MJSP): **130 vagas**;
- Ministério da Cultura (MinC): **50 vagas**;
- Ministério da Educação (MEC): **70 vagas**;
- Ministério dos Direitos Humanos e da Cidadania (MDHC): **40 vagas**;
- Ministério dos Povos Indígenas (MPI): **30 vagas**;
- Ministério do Planejamento e Orçamento (MPO): **60 vagas**;
- Ministério da Gestão e Inovação em Serviços Públicos (MGI) e carreiras transversais: **1.480 vagas**;
- Instituto Nacional de Estudos e Pesquisas Educacionais Anísio Teixeira (Inep): **50 vagas**.

COMO SERÁ A DIVISÃO DE CARGOS

Como será a divisão de cargos e órgãos por cada bloco temático*

Administração e Finanças Públicas

Subgrupo	Órgão	Carreira	Vagas
Administração Pública	Ministério da Gestão e da Inovação em Serviços Públicos (MGI)	Especialistas em Políticas Públicas e Gestão Governamental (EPPGG)	150
Administração Pública	Instituto de Pesquisa Econômica Aplicada (Ipea)	Técnico de Planejamento e Pesquisa (TPP)	80
Economia e Finanças	Ministério da Fazenda (MF)	Auditor Federal de Finanças e Controle (AFFC)	40
Economia e Finanças	Ministério do Planejamento e Orçamento (MPO)	Analista de Planejamento e Orçamento (APO)	100
Setores Econômicos	Ministério do Desenvolvimento, Indústria, Comércio e Serviços (MDIC)	Analista de Comércio Exterior (ACE)	50

Setores Econômicos, Infraestrutura e Regulação

Subgrupo	Órgão	Carreira	Vagas
Setores Econômicos	Instituto Nacional de Metrologia, Qualidade e Tecnologia (Inmetro)	Analista Executivo em Metrologia e Qualidade, Pesquisador-Tecnologista em Metrologia e Qualidade	100
Setores Econômicos	Instituto Nacional de Prniedade Industrial (Inpi)	Analista de Planejamento, Gestão e Infraestrutura em Propriedade Industrial, Pesquisador em Propriedade Industrial, Tecnologista em Propriedade Industrial	120
Regulação	Agência Nacional de Transportes Aquaviários (Antaq)	Especialista em Regulação de Serviços de Transportes Aquaviários	30
Regulação	Agência Nacional de Transportes Terrestres (ANTT)	Especialista em Regulação de Serviços de Transportes Terrestres	50
Regulação	Agência Nacional de Aviação Civil (Anac)	Especialista em Regulação de Aviação Civil	70
Regulação	Agência Nacional de Telecomunicações (Anatel)	Especialista em Regulação de Serviços Públicos de Telecomunicações	50
Regulação	Agência Nacional de Energia Elétrica (Aneel)	Especialista em Regulação de Serviços Públicos de Energia	40
Regulação	Agência Nacional de Águas e Saneamento Básico (Ana)	Especialista em Regulação de Recursos Hídricos e Saneamento Básico	40
Regulação	Agência Nacional de Vigilância Sanitária (Anvisa)	Especialista em Regulação e Vigilância Sanitária	50
Regulação	Agência Nacional de Saúde (ANS)	Especialista em Regulação de Saúde Suplementar	35
Infraestrutura	Ministério da Gestão e da Inovação em Serviços Públicos (MGI)	Analista de Infraestrutura (AIE)	300
Infraestrutura	Departamento Nacional de Infraestrutura de Transportes (DNIT)	Analista Administrativo, Analista em Infraestrutura de Transportes	100
Infraestrutura	Ministério de Minas e Energia (MME)	Administrador	30

Agricultura, Meio Ambiente e Desenvolvimento Agrário

Subgrupo	Órgão	Carreira	Vagas
Agricultura	Ministério da Agricultura e Pecuária (Mapa)	Auditor-Fiscal federal agropecuário	200
Desenvolvimento Agrário	Instituto Nacional de Colonização e Reforma Agrária (Incra)	Analista Administrativo Analista em Reforma e Desenvolvimento Agrário e Engenheiro Agrônomo	742
Meio Ambiente	Ministério do Meio Ambiente e Mudança do Clima (MMA)	Analista Ambiental	98

Educação, Ciência, Tecnologia e Inovação

Subgrupo	Órgão	Carreira	Vagas
Ciência, Tecnologia e Inovação	Instituto Nacional de Meteorologia (Inmet)	Analista em Ciência e Tecnologia, Tecnologista	80
Ciência, Tecnologia e Inovação	Centro Gestor e Operacional do Sistema de Proteção da Amazônia (Censipam)	Analista em Ciência e Tecnologia	50
Ciência, Tecnologia e Inovação	Ministério da Ciência, Tecnologia e Inovação (MCTI)	Analista em Ciência e Tecnologia, Pesquisador Tecnologista	814
Ciência, Tecnologia e Inovação	Conselho Nacional de Desenvolvimento Científico e Tecnológico (CNPQ)	Analista em Ciência e Tecnologia	50
Educação	Fundo Nacional de Desenvolvimento da Educação (FNDE)	Especialista em Financiamento e Execução de Programas e Projetos Educacionais	100
Educação	Instituto Nacional de Estudos e Pesquisas Educacionais Anísio Teixeira (Inep)	Pesquisador-Tecnologista em Informações e Avaliações Educacionais	50
Educação	Coordenação de Aperfeiçoamento de Pessoal de Nível Superior (Capes)	Analista em Ciência e Tecnologia	50

Políticas Sociais, Justiça e Saúde

Subgrupo	Órgão	Carreira	Vagas
Políticas Sociais	Ministério da Gestão e da Inovação em Serviços Públicos (MGI)	Analista Técnico de Políticas Sociais (ATPS)	500
Políticas Sociais	Fundação Nacional dos Povos Indígenas (Funai)	Indigenista Especializado (cargos do PGPE)	350
Saúde	Fundação Oswaldo Cruz (Fiocruz)	Analista de Gestão em Saúde, Pesquisador em Saúde Pública, Tecnologista em Saúde Pública	300
Saúde	Ministério da Saúde (MS)	Tecnologista	220
Justiça	Ministério da Justiça e Segurança Pública (MJSP)	Analista Técnico-Administrativo	100

§ 1º Até um milhão de inscritos, o valor será integralmente custeado pelo Ministério da Gestão e da Inovação em Serviços Públicos.

§ 2º Entre um milhão e um e dois milhões e quinhentos mil inscritos, os órgãos e entidades da administração pública federal direta, autárquica e fundacional que fizerem a adesão deverão descentralizar os créditos orçamentários e repassar os recursos financeiros correspondentes para o Ministério da Gestão e da Inovação em Serviços Públicos, proporcionalmente ao número de vagas e em conformidade com o número final de inscritos.

§ 3º A partir de dois milhões e quinhentos mil e um inscritos os valores excedentes poderão ser custeados parcial ou integralmente pelo Ministério da Gestão e da Inovação em Serviços Públicos.

Art. 6º As vagas que estiverem disponíveis para seleção por meio do Concurso Público Nacional Unificado serão agrupadas por blocos temáticos, de acordo com a sua natureza e complexidade.

Parágrafo único. A pessoa candidata deverá escolher o bloco temático de interesse no ato da inscrição, observando orientações contidas nos editais do Concurso Público Nacional Unificado.

Art. 7º O Concurso Público Nacional Unificado consistirá na aplicação de provas simultâneas em todos os estados e no Distrito Federal, observadas as disposições contidas nesta Portaria e nos editais específicos.

§ 1º O Concurso Público Nacional Unificado terá como etapas:

I – primeira etapa: a realização de provas objetivas ou objetivas e dissertativas, de acordo com as especificidades temáticas de cada bloco; e

II – segunda etapa: prova de títulos.

§ 2º A critério de cada órgão ou entidade, o resultado do Concurso Público Nacional Unificado poderá ser aproveitado em etapas adicionais de caráter eliminatório e/ou classificatório, conforme legislação específica do processo seletivo de cada cargo.

§ 3º Caso o órgão ou entidade da administração pública federal direta, autárquica e fundacional realize curso de formação, a organização do curso e os custos a ele relacionados serão de responsabilidade do respectivo órgão ou entidade.

§ 4º O Concurso Público Nacional Unificado não abrange outras etapas necessárias para a seleção das pessoas candidatas, que serão de responsabilidade do respectivo órgão ou entidade da administração pública federal direta, autárquica e fundacional.

Art. 8º A aplicação do Concurso Público Nacional Unificado levará em consideração as políticas em vigor sobre acessibilidade, inclusão de pessoas com deficiência, reserva de vagas para pessoas negras e demais ações afirmativas.

Art. 9º O edital estabelecerá as diretrizes, procedimentos, prazos e outros elementos essenciais do Concurso Público Nacional Unificado, de acordo com as especificidades de cada bloco temático.

Decreto 11.722

Decreto 11.722, de 28 de setembro de 2023

Art. 1º Este Decreto dispõe sobre o Concurso Público Nacional Unificado e institui seus órgãos de governança.

Parágrafo único. Podem aderir ao Concurso Público Nacional Unificado os órgãos e as entidades da administração pública federal direta, autárquica e fundacional.

Art. 2º O Concurso Público Nacional Unificado consiste em modelo de realização conjunta de concursos públicos para o provimento de cargos públicos efetivos no âmbito dos órgãos e das entidades da administração pública federal direta, autárquica e fundacional, mediante a aplicação simultânea de provas em todos os estados e no Distrito Federal.

Art. 3º São objetivos do Concurso Público Nacional Unificado:

I – promover igualdade de oportunidades de acesso aos cargos públicos efetivos;

II – padronizar procedimentos na aplicação das provas;

III – aprimorar os métodos de seleção de servidores públicos, de modo a priorizar as qualificações necessárias para o desempenho das atividades inerentes ao setor público; e

IV – zelar pelo princípio da impessoalidade na seleção dos candidatos em todas as fases e etapas do certame.

Parágrafo único. O concurso de que trata o caput *observará as políticas de ações afirmativas aplicáveis aos concursos públicos federais.*

Adesão

Art. 4º A adesão ao Concurso Público Nacional Unificado será realizada mediante assinatura de termo entre o órgão ou a entidade interessada e o Ministério da Gestão e da Inovação em Serviços Públicos.

§ 1º O termo de adesão de que trata o caput *estabelecerá, no mínimo:*

I – o plano de trabalho a ser seguido pelas partes; e

II – as obrigações comuns e específicas.

§ 2º A adesão poderá abranger todos os concursos autorizados para o órgão ou a entidade aderente.

§ 3º Ato do Ministro de Estado da Gestão e da Inovação em Serviços Públicos disporá sobre os procedimentos para a formalização da adesão.

Custos de realização do Concurso Público Nacional Unificado

Art. 5º Os custos de realização do Concurso Público Nacional Unificado serão rateados entre os órgãos e as entidades da administração pública federal direta, autárquica e fundacional aderentes.

Parágrafo único. Os critérios para o rateio de que trata o caput *serão estabelecidos em ato do Ministro de Estado da Gestão e da Inovação em Serviços Públicos.*

Órgãos de governança

Art. 6º São órgãos de governança do Concurso Público Nacional Unificado:

I – a Comissão de Governança; e

II – o Comitê Consultivo e Deliberativo.

GUIA PARA OS CONCURSOS PÚBLICOS

Guia Referencial para concursos públicos do Ministério da Gestão e Inovação:

Prova objetiva

A prova objetiva do concurso público serve para avaliar o conhecimento teórico do candidato. Pode ser de múltipla escolha, ou seja, compõe-se de questões com enunciado e alternativas, dentre as quais o candidato deve eleger uma única opção de resposta. Exemplo: questões com cinco alternativas – a, b, c, d, e – dentre as quais se elege a correta ou a incorreta. A prova objetiva também pode ser composta por itens para serem julgados individualmente como "certo" ou "errado". A pontuação do candidato nesse tipo de prova é obtida por meio da soma das questões ou itens que o candidato acertou. No cômputo dessa pontuação, pode haver previsão de subtração do todo ou de parte das questões ou itens que o candidato errou.

Durante o concurso

Reflexões sobre a prova objetiva:

Vantagens: permite avaliar grandes populações com até milhões de candidatos ao mesmo tempo em poucas horas, com caráter objetivo, reduzindo riscos de favorecimento e personalismo.

Limitações: é mais fácil de ser fraudada via transmissão indevida de respostas durante o exame. Avalia apenas aspectos teóricos, sem dimensões práticas, comportamentais, etc. Geralmente carece de mecanismos contra acertos casuais (premia os "chutes").

Contexto: quase sempre tem caráter eliminatório e classificatório. Esse modelo de prova (teórica objetiva de múltipla escolha) é o dominante no Brasil e está presente em quase todos os concursos públicos. Muitas vezes, é o principal e o único tipo de teste utilizado para diferentes cargos, independentemente de formação, natureza, complexidade ou atribuições.

Recomendação de aplicação: ideal para nivelar conhecimentos mínimos e apenas teóricos, principalmente em grandes populações. Pode ser utilizada como uma etapa inicial para racionalizar o número de candidatos a serem avaliados em etapas posteriores. Idealmente, pode ser apenas eliminatória e ser seguida de etapas que contemplem dimensões práticas e outras variáveis de cada cargo, como simulações.

Acertos casuais: é importante abordar a questão do acerto casual ("chute"), em que o candidato fica inseguro ou reconhece que não sabe a resposta, mas responde de forma aleatória ou artificial, para tentar obter uma pontuação de qualquer maneira. No Brasil existem muitos exemplos de conteúdos que ensinam "como acertar uma questão mesmo sem saber". Além disso, apenas uma das 286 empresas organizadoras de concurso no país possui um mecanismo mais eficaz e sistematizado que inibe os acertos casuais. Embora algumas empresas copiem ou adaptem o método, os exames que utilizam esse tipo de mecanismo ainda são uma ínfima minoria.

É desejável que haja um mecanismo eficaz contra acertos casuais em todos os concursos.

COMO ESTUDAR PARA O CONCURSO NACIONAL UNIFICADO

O tempo entre a publicação do edital e a prova será de cerca de três meses, um tempo muito curto para se estudar todas as matérias, e por esta razão é necessário estudar desde já tendo como base as matérias que possivelmente – e baseado nos editais anteriores dos órgãos que estarão no CNU – serão o núcleo comum.

Plano de estudos

Bases para um plano de estudos pré-edital:

1. É necessário focar nas matérias básicas que seguem abaixo
   - Língua Portuguesa;
   - Informática;
   - Raciocínio Lógico-Matemático;
   - Direito Constitucional;
   - Direito Administrativo;
   - Administração Pública;
   - Administração Geral;
   - Direitos Humanos;
   - Ética no Serviço Público;
   - Atualidades.

2. É necessário dividir seu tempo de estudos em quatro tempos, dois para estudo teórico e dois para estudo de questões, da forma que será apresentado na tabela ao lado. O estudo primeiro da teoria da matéria A e depois da teoria da matéria B, posteriormente resolução de questões da matéria A e depois resolução de questões da matéria B, permite que se teste o conteúdo estudado não imediatamente após o estudo teórico e sim após estudar outra matéria, testando a verdadeira memorização do conteúdo.

3. Devem ser estudadas duas matérias por dia, com uma divisão de matérias diferentes, pois quando se estudam matérias distintas, isto reforça a memorização e a atenção, enquanto se você passar o dia estudando apenas uma matéria, o foco e a atenção diminuem rapidamente e o tempo de estudos se torna menos eficiente.

4. O especialista não é aprovado em concursos e sim o generalista. Portanto, de nada adianta estar com um bom desempenho em uma ou duas matérias se nas outras o desempenho é muito fraco. Quanto menor for a distância entre os estudos da matéria que você está melhor e pior, mais preparado você estará, e neste sentido utilize o sábado para reforçar as duas matérias que você está com menor desempenho.

Próximos concursos

O que esperar para os próximos Concursos Nacionais Unificados: o governo federal anunciou que o Concurso Nacional Unificado será periódico, e a decisão se esta periodicidade será anual ou bienal ainda não foi tomada. Em uma das coletivas de imprensa, foi citado o concurso do INSS como umas das possibilidades dos próximos CNUs.

A seguir, vamos analisar os concursos que estão previstos para o próximo período:

Proposta de planilha de estudos

Segunda	Terça	Quarta	Quinta	Sexta	Sábado
Português	Raciocínio Lógico-Matemático	Direito Constitucional	Direito Administrativo	Direitos Humanos	Reforço matéria 1
Informática	Atualidades	Ética	Administração Geral	Administração Pública	Reforço matéria 2
Exercícios Português	Exercícios Raciocínio Lógico-Matemático	Exercícios Direito Constitucional	Exercícios Direito Administrativo	Exercícios Direitos Humanos	
Exercícios Informática	Exercícios Atualidades	Exercícios Ética	Exercícios Administração Geral	Exercícios Administração Pública	

INSS

Explicitamente citado nas coletivas de imprensa do governo, o último concurso para Técnico Previdenciário aconteceu em 2022, e teve mais de 1 milhão de candidatos. Existe a solicitação desde o encerramento do último concurso para mais um edital com milhares de vagas. O Ministério do Trabalho anunciou um concurso para 2024 para médico perito, sem fechar a possibilidade de concurso para outros editais.

CAIXA ECONÔMICA FEDERAL

O último concurso para Técnico Bancário para a CEF aconteceu em 2014, e em 2021 foi realizado um concurso exclusivo para pessoas com deficiência (PCD), e existe solicitação para concurso de 4 mil vagas para Técnico Bancário. O concurso de 2014 tinha ainda 800 aprovados que não haviam sido convocados, e a CEF anunciou ter encerrado esta lista, abrindo possibilidade para novo edital. Já existe previsão para dois editais em 2024, um para Técnico Bancário e outro para a área de Tecnologia da Informação (TI).

PREVISÃO LEGAL DO CNU

O governo entende que a organização do Concurso Nacional Unificado representa uma possibilidade de avançar para uma Lei Geral de Concursos Públicos e, neste sentido, existem duas importantes regulamentações sobre o CNU, cujos pontos principais publicamos a seguir.

PORTARIA 6.017

Portaria 6.017, de 4 de outubro de 2023, do Ministério da Gestão e Inovação (MGI)

Art. 1º Esta Portaria dispõe sobre o Concurso Público Nacional Unificado como modelo de realização conjunta para recrutamento e seleção para o provimento de cargos públicos no âmbito dos órgãos e entidades da administração pública federal direta, autárquica e fundacional.

§ 1º Esta Portaria se aplica aos concursos públicos autorizados nos termos do art. 27, inciso I, do Decreto nº 9.739, de 28 de março de 2019.

§ 2º A participação de outros órgãos e entidades não abrangidos pelo disposto no § 1º no Concurso Público Nacional Unificado poderá ser autorizada pela Ministra de Estado da Gestão e da Inovação em Serviços Públicos, na forma de instrumento específico.

Art. 2º São objetivos do Concurso Público Nacional Unificado:

I – promover igualdade de oportunidades de acesso aos cargos públicos efetivos;

II – padronizar procedimentos na aplicação das provas;

III – aprimorar os métodos de seleção de servidores públicos, de modo a priorizar as qualificações necessárias para o desempenho das atividades inerentes ao setor público; e

IV – zelar pelo princípio da impessoalidade na seleção das pessoas candidatas em todas as fases e etapas do certame.

Art. 3º Os órgãos colegiados de governança do Concurso Público Nacional Unificado são a Comissão de Governança e o Comitê Consultivo e Deliberativo, conforme o disposto no art. 6º do Decreto nº 11.722, de 28 de setembro de 2023.

Parágrafo único. A Comissão de Governança poderá instituir grupos técnicos operacionais para assessorar e apoiar os trabalhos do Concurso Público Nacional Unificado.

Art. 4º Os órgãos e entidades da administração pública federal direta, autárquica e fundacional poderão solicitar a adesão ao Concurso Público Nacional Unificado ao Ministério da Gestão e da Inovação em Serviços Públicos como forma de seleção para provimento de cargos públicos efetivos.

§ 1º O prazo para adesão ao Concurso Público Nacional Unificado será estabelecido em comunicado a ser expedido pelo Ministério da Gestão e da Inovação em Serviços Públicos.

§ 2º O pedido de adesão deverá ser formalizado por meio de assinatura de Termo de Adesão, na forma do Anexo I.

§ 3º O Ministério da Gestão e da Inovação em Serviços Públicos participará do Concurso Público Nacional Unificado para o provimento das vagas autorizadas para os cargos públicos efetivos de seu quadro de pessoal.

Art. 5º Os custos do Concurso Público Nacional Unificado serão rateados entre os órgãos e entidades da administração pública federal direta, autárquica e fundacional que a ele fizerem a adesão.

Trabalho e Previdência

Subgrupo	Órgão	Carreira	Vagas
Trabalho e Previdência	Ministério do Trabalho e Emprego (MTE)	Auditor-Fiscal do Trabalho (AFT)	900
Trabalho e Previdência	Superintendência Nacional de Previdência Complementar (Previc)	Analista Administrativo Especialista em Previdência Complementar	40

Dados, Tecnologia e Informação

Subgrupo	Órgão	Carreira	Vagas
Informação Pública	Instituto Brasileiro de Geografia e Estatística (IBGE)	Analista de Planejamento, Gestão e Infraestrutura em Informações Geográficas e Estatísticas, Tecnologista em Informações Geográficas e Estatísticas, Pesquisador em Informações Geográficas e Estatísticas	595
Tecnologia da Informação	Ministério da Gestão e da Inovação em Serviços Públicos (MGI)	Analista em Tecnologia da Informação (ATI)	300

Nível Intermediário

Subgrupo	Órgão	Carreira	Vagas
Informação Pública	Instituto Brasileiro de Geografia e Estatística (IBGE)	Técnico em Informações Geográficas e Estatísticas	300
Agricultura	Ministério da Agricultura e Pecuária (Mapa)	Agente de atividades agropecuárias, Agente de inspeção sanitária e industrial de produtos de origem animal, Técnico de laboratório	240
Políticas Sociais	Fundação Nacional dos Povos Indígenas (Funai)	Agente em Indigenismo	152

AVALIAÇÃO DE TITULAÇÃO

Como é tradicional em concursos públicos no Brasil, existe a previsão de fase de entregas de títulos, que podem ser tanto titulação acadêmica (pós-graduação, especialização) e/ou experiência profissional pregressa, pois o governo federal declara que, dependendo do órgão que aderir ao Concurso Nacional Unificado, podem ser solicitados títulos aos candidatos.

FORMAÇÃO INTERNA

Após a finalização do concurso, o governo informa que fará a oferta de cursos de formação e programas de ambientação em parceria com a Escola Nacional de Administração Pública (Enap) e o Instituto de Pesquisa Econômica Aplicada (Ipea).

QUAIS OS ARGUMENTOS PARA A CRIAÇÃO DO CNU

O governo federal, quando apresentou o Concurso Nacional Unificado, no segundo semestre de 2023, por meio de várias coletivas de imprensa de membros do Ministério da Gestão e Inovação e da Secretaria Nacional de Gestão de Pessoas, expôs os seguintes argumentos para a realização do CNU, baseados em problemas existentes nos processos seletivos por concursos públicos atuais:

APLICAÇÃO CENTRALIZADA

O governo argumenta que as provas para órgãos federais são aplicadas em apenas algumas capitais, dificultando o acesso aos moradores de cidades do interior dos Estados e locais com difícil locomoção, principalmente para moradores de cidades de regiões rurais do Norte e do Nordeste brasileiros.

PERFIL DA POPULAÇÃO

Outro argumento apresentado pelo governo para a criação do Concurso Nacional Unificado é que o atual perfil de servidores públicos federais não reflete o perfil da população brasileira, que segundo o último censo do IBGE (2022-2023) é de maioria negra (pretos e pardos) e mulheres.

MUITOS CERTAMES

Outro forte argumento do governo é a pulverização de certames, com os candidatos tendo que pagar várias taxas de inscrição para as provas que são descentralizadas. Muitas vezes o candidato precisa pagar duas ou três taxas de inscrição para realizar provas de cargos diferentes do mesmo órgão.

FALTA DE PADRONIZAÇÃO

Hoje os candidatos precisam estudar para regras diferentes nos vários concursos, indo desde as provas da Cebraspe no padrão múltipla-escolha, até provas objetivas com múltipla escolha, tendo cada banca um estilo diferente, algumas com redação e prova discursiva, e outras não.

FALTA DE PERIODICIDADE

A falta de planejamento quanto ao período em que os concursos serão realizados dificulta o planejamento dos candidatos. Em alguns casos, como do Banco Central (Bacen), da Caixa Econômica Federal (CEF) e da Agência Brasileira de Informação (Abin), as provas demoraram dez anos para serem realizadas entre um concurso e outro.

PONTOS POSITIVOS DO CONCURSO NACIONAL UNIFICADO

O governo federal, nas diferentes coletivas, pronunciamentos e documentos apresentados acerca do CNU, deixa claro quais são os objetivos do CNU. Apresentamos a seguir quais são esses objetivos:

DEMOCRATIZAÇÃO

Com um grande número de cidades com a aplicação da prova, é dado acesso a candidatos que nem pensavam em prestar o Concurso Nacional Unificado. Como a prova será aplicada em 179 cidades, existe a possibilidade de que o concurso chegue até uma quantidade de pessoas que começam a ter acesso a concursos federais em regiões mais próximas de suas cidades.

OTIMIZAÇÃO DOS CUSTOS

Aqui existem duas abordagens distintas sobre custos vinculados ao Concurso Nacional Unificado, sendo a primeira a otimização de custos por parte do governo federal, pois em vez de dezenas de processos independentes e com custos multiplicados de contratação de bancas organizadoras, o Concurso Nacional Unificado, com apenas um processo e uma banca organizadora, permite menores custos operacionais. Aqui também existe a otimização de custos por parte dos candidatos, pois em vez de pagarem várias taxas de inscrição, o candidato poderá pagar uma única taxa e concorrer a vários cargos.

UNIFORMIZAÇÃO

Como o Concurso Nacional Unificado será periódico, e as regras se manterão de um certame para outro com pequenos ajustes, o candidato conhecerá as regras do certame, facilitando os estudos e seu planejamento quanto à forma de aplicação da prova, estilo de abordagem de concursos, etc. Ou seja, as regras do jogo poderão ter pequenas mudanças de um CNU para outro, mas não haverá mudanças radicais.

PERIODICIDADE

A ideia do Concurso Público Unificado é que ele seja periódico, e isto facilita a organização e previsibilidade dos candidatos. O governo federal ainda não definiu se a periodicidade será anual ou bienal, declara ainda que terá tal decisão após a realização do primeiro certame, mas este Concurso Nacional Unificado está sendo tratado como a primeira edição do CNU.

ETHOS PÚBLICO

O governo aposta que com a massificação do processo de CNU a percepção geral sobre o certame possibilite melhor percepção do processo por parte da população.

VOCACIONAMENTO

Dentre as declarações do governo federal sobre o Concurso Nacional Unificado, está o fato de que muitos aprovados em concursos públicos federais buscam o cargo e salário, mas não são necessariamente vocacionados para o serviço público, nem entendem todo o processo da administração pública e a postura ética na função pública.

ONDE AS PROVAS SERÃO APLICADAS

Uma das maiores novidades do Concurso Nacional Unificado é a quantidade de cidades em que a prova será aplicada, com 179 cidades conforme a divisão de cidades por região na tabela abaixo.

O governo federal argumenta que como as provas tradicionalmente são marcadas para as capitais e grandes cidades, isto favorece os candidatos que residem próximos a estes grandes centros urbanos, e a decisão em realizar o Concurso Nacional Unificado em várias cidades, incluindo todas as capitais e cidades-polo com 50 mil habitantes ou mais, favorece o acesso e a possibilidade de candidatos de várias regiões prestarem a prova.

Também é importante notar que a região Nordeste é a que possui o maior número de cidades (50), e a região Norte com 39 proporcionalmente tem mais cidades por habitante do que o Sudeste, por exemplo, com um número muito maior de habitantes, mas com 49 cidades. A justificativa do governo federal para tal divisão é a acessibilidade aos locais de prova, muito mais difícil por conta da precariedade dos meios de transporte na região Norte do que no Sudeste.

Regiões	Municípios
Norte	39
Nordeste	50
Centro-Oeste	18
Sudeste	49
Sul	23
Total	179

Região Norte (39 cidades)

Acre
Cruzeiro do Sul
Rio Branco
Amazonas
Coari
Humaitá
Manaus
Manicoré
Maués
Parintins
Tabatinga
Tefé
Amapá
Laranjal do Jari
Macapá
Pará
Abaetetuba
Altamira
Belém
Bragança
Breves
Cametá
Itaituba
Marabá
Monte Alegre
Óbidos
Oriximiná
Paragominas
Parauapebas
Portel
Redenção
Santana do Araguaia
Santarém
São Félix do Xingu
Tucuruí
Rondônia
Ariquemes
Ji-Paraná
Porto Velho
Vilhena
Roraima
Boa Vista
Tocantins
Araguaína
Gurupi
Palmas

Região Nordeste (50 cidades)

Alagoas
Arapiraca
Maceió
Bahia
Barreiras
Bom Jesus da Lapa
Brumado
Eunápolis
Feira de Santana
Guanambi
Irecê
Itaberaba
Itabuna
Jacobina
Jequié
Juazeiro
Paulo Afonso
Ribeira do Pombal
Salvador
Teixeira de Freitas
Vitória da Conquista
Ceará
Crateús
Fortaleza
Iguatu
Juazeiro do Norte
Quixadá
Russas
Sobral
Maranhão
Bacabal
Balsas
Caxias
Chapadinha
Imperatriz
Pinheiro
São Luís
Paraíba
Campina Grande
João Pessoa
Patos
Sousa
Pernambuco
Caruaru
Garanhuns
Petrolina
Recife
Serra Talhada
Piauí
Floriano
Parnaíba
Picos
Teresina
Rio Grande do Norte
Caicó
Mossoró
Natal
Sergipe
Aracaju

Região Centro-Oeste (18 cidades)

Distrito Federal
Brasília
Goiás
Anápolis
Catalão
Goianésia
Goiânia
Itumbiara
Mineiros
Rio Verde
Mato Grosso do Sul
Campo Grande
Corumbá
Dourados
Três Lagoas
Mato Grosso
Alta Floresta
Cáceres
Cuiabá
Rondonópolis
Sinop
Tangará da Serra

Região Sudeste (49 cidades)

Espírito Santo
Cachoeiro de Itapemirim
Colatina
São Mateus
Vitória
Minas Gerais
Almenara
Araçuaí
Araxá
Barbacena
Belo Horizonte
Curvelo
Diamantina
Divinópolis
Governador Valadares
Ipatinga
Ituiutaba
Janaúba
Januária
Juiz de Fora
Lavras
Montes Claros
Muriaé
Paracatu
Passos
Patos de Minas
Pirapora
Pouso Alegre
Teófilo Otoni
Uberaba
Uberlândia
Rio de Janeiro
Angra dos Reis
Cabo Frio
Campos dos Goytacazes
Macaé
Petrópolis
Rio de Janeiro
Volta Redonda
São Paulo
Araçatuba
Bauru
Campinas
Itapeva
Marília
Piracicaba
Presidente Prudente
Ribeirão Preto
Santos
São José do Rio Preto
São José dos Campos
São Paulo
Sorocaba

Região Sul (23 cidades)

Paraná
Cascavel
Curitiba
Foz do Iguaçu
Guarapuava
Londrina
Maringá
Ponta Grossa
Umuarama
Rio Grande do Sul
Bagé
Caxias do Sul
Passo Fundo
Pelotas
Porto Alegre
Santa Cruz do Sul
Santa Maria
Santo Ângelo
Uruguaiana
Santa Catarina
Blumenau
Chapecó
Criciúma
Florianópolis
Joinville
Lages

Barros, Fischer & Associados
Editor: Flávio Barros Pinto

Resumão para concursos

Coordenação: Omar Chamon

Concurso Nacional Unificado

1ª EDIÇÃO 1ª TIRAGEM – NOVEMBRO 2023

Autor: Luiz Rezende Professor para Concursos Públicos desde 2008, autor de livros e apostilas para concursos públicos e administração pública, ex-servidor público estatutário na gestão de políticas públicas em São Paulo (2003-2017), ex-dirigente sindical no serviço público - Sindsep-SP, atualmente gestor acadêmico na área de preparação para concursos públicos. Graduado em Processamento de Dados – Projetos – Fatec/SP e Pedagogia – UFSCar. Intagram: @prof.luiz.rezende.

Edição: Flávio Barros; **Arte:** Flávia Barros **Preparação e Revisão:** Paulo Roberto Pompêo

Endereço: Rua Ulpiano, 86, Lapa, São Paulo, CEP 05050-020
Telefone/fax: 0 (xx) 11 3675-0508

Site: **www.resumao.com.br**
E-mail: **contato@resumao.com.br**
Distribuição e vendas: Bafisa, tel.: 0 (xx) 11 3675-0508
Impressão: Eskenazi Indústria Gráfica Ltda.

ISBN: 978-65-89817-09-3
9786589817093